CB129453

Happy School

Campos de Experiências

Mônica Pina e Virginia Finzetto

Inspirado nos ensinamentos de
HENRI WALLON e MARIA MONTESSORI

Eu e os Outros

Emoções e Convívio Social

Happy Books

Rodovia Jorge Lacerda, 5086 - Poço Grande
Gaspar - SC | CEP 89115-100

Direção:
Angela Finzetto

Texto e consultoria pedagógica:
Mônica Pina

Atividades e edição:
Virginia Finzetto

Imagem e ilustração:
Living Art e Shutterstock

Projeto gráfico e diagramação:
Marcos Inoue

Revisão:
Tamara B. G. Altenburg

IMPRESSO NA CHINA
www.happybooks.com.br

Dados Internacionais de Catalogação na Publicação (CIP)
(Câmara Brasileira do Livro, SP, Brasil)

Pina, Mônica
Eu e os outros: Emoções e convívio social
[Texto: Mônica Pina, Virginia Finzetto; Ilustração: Shutterstock].
Gaspar, SC: Happy Books, 2023.
(Coleção Campos de Experiências)

ISBN 978-65-5507-627-1

1. Educação infantil (Atividades e exercícios) 2. Educação socioemocional (Educação infantil) 3. Inteligência emocional em crianças 4. Relacionamentos - Literatura infantojuvenil I. Shutterstock. II. Título. III. Série.

23-168081 CDD-028.5

Índices para catálogo sistemático:

1. Literatura infantil 028.5
2. Literatura infantojuvenil 028.5

Eliane de Freitas Leite - Bibliotecária - CRB-8/8415

SUMÁRIO

Atividades

Materiais que vocês vão usar

UMA VIDA repleta de estímulos!

No processo de desenvolvimento da criança, conhecimentos, experiências e emoções não podem ser entendidos como elementos isolados, pois se entrelaçam e se reforçam o tempo todo.

Crianças emocionalmente equilibradas e apoiadas por seus familiares têm mais motivação para fazer descobertas, adquirir habilidades, superar situações novas e alcançar objetivos cada vez mais significativos, principalmente quando sua sensibilidade, curiosidade e criatividade são estimuladas.

> "A curiosidade é um impulso para aprender."

Maria Montessori, médica, pesquisadora e educadora

Especialistas em educação definem determinadas áreas de experiência como fundamentais para que a criança aprenda e se desenvolva plenamente. Portanto, cada volume da coleção foi elaborado com foco em uma dessas áreas, sempre valorizando a criança, sua complexidade e individualidade.

As atividades enfatizam habilidades, atitudes e valores que os pequenos vão desenvolver e que se relacionam com suas interações e brincadeiras. A vivência deles com as propostas de cada livro se transformarão em experiências educativas e divertidas, proporcionando a vocês compartilharem momentos de crescimento e afeto.

Áreas de experiência

Cada livro da coleção **Campos de Experiências** tem foco em uma destas áreas, fundamentais para que a criança aprenda e se desenvolva:

EU ME COMUNICO - LINGUAGEM

comunicação oral • vocabulário • habilidades de leitura e escrita • rimas • narração de histórias

EU CALCULO - MATEMÁTICA

quantidades • medidas • comparações • operações números • formas • solução de problemas

EU E OS OUTROS - EMOÇÕES E CONVÍVIO SOCIAL

identidade • autocuidado • autoestima • inteligência emocional consciência de si e do outro • regras sociais

EU EXPERIMENTO - SENTIR E BRINCAR

coordenação visomotora • experiências sensoriais • habilidades de escrita

EU CRIO - CRIATIVIDADE

desenho • pintura • colagem • música • teatro

EU DESCUBRO - EXPLORANDO O MUNDO

natureza e meio ambiente • ciências história • geografia

EU ME LOCALIZO - TEMPO, ESPAÇO E MOVIMENTO

tempo • espaço • orientação absoluta e relativa sequências de fatos • relações de causa e efeito

APRENDER é divertido!

Curiosas e criativas, as crianças fazem as suas maiores descobertas enquanto brincam, experimentam, exploram e observam as pessoas e o mundo ao seu redor. Para acompanhá-las nessa jornada e apoiar o seu desenvolvimento, educadores e familiares contam com a coleção **Campos de Experiências**, que traz atividades desafiadoras e muito divertidas.

A coleção **Campos de Experiências** valoriza o potencial da criança de maneira integral, com propostas educativas que favorecem suas formas de expressão e ampliam seu repertório de vivências e percepções, estimulando a aprendizagem em todas as áreas.

Ao incentivar a criança a fazer suas descobertas e explorar as brincadeiras dos livros abrem-se novos caminhos para o conhecimento.

Em tempos de mudanças tão velozes e de muita informação disponível em diversos meios, é ainda mais importante valorizar o desejo de aprender, a curiosidade e a capacidade de se maravilhar, tão naturais nos primeiros anos de vida.

> "Quanto mais ampla for a gama de possibilidades que oferecemos às crianças, mais intensas serão suas motivações e mais ricas serão suas experiências."

Loris Malaguzzi, pedagogo e professor

RECADO
aos pais

Acompanhar o crescimento de uma criança é uma experiência fascinante, cheia de expectativas e de inquietações. Afinal, como a família pode ajudá-la a se desenvolver de forma plena e harmoniosa?

Está comprovado que os aspectos cognitivos, intelectuais, psicológicos, comportamentais, emocionais e relacionais de cada indivíduo se estruturam na primeira infância ou, mais precisamente, a partir dos estímulos a que a criança é exposta nos primeiros cinco anos de vida. Não é por acaso que os especialistas destacam que nessa fase é essencial acolher, ouvir e observar as interações e reações da criança, além de respeitar e estimular suas potencialidades.

Valorizando a conexão com os familiares como a maior referência para a criança, a coleção **Campos de Experiências** traz propostas para serem realizadas com o apoio dos pais. Elas foram criadas, especialmente, para crianças entre 3 e 6 anos de idade.

Cada brincadeira é um convite para que pais e filhos vivenciem mais momentos juntos, com estímulos que têm o objetivo de ampliar as experiências e o desejo da criança de conhecer e experimentar tudo o que é novo.

> "A criança observa com amor, nunca com indiferença, e essa atitude permite que sua inteligência revele o invisível."

Maria Montessori, médica, pesquisadora e educadora

EU E OS OUTROS

Como nos relacionamos

O tempo todo, a criança está fazendo descobertas sobre o mundo ao seu redor. Da mesma forma, ela precisa aprender a perceber e compreender o seu universo interior, as suas emoções e, também, os sentimentos das pessoas com as quais se relaciona. Nesse contexto, a afetividade tem um papel determinante em seu desenvolvimento.

Para apoiar o processo de autoconhecimento e crescimento, é importante conversar com a criança desde cedo sobre as emoções, incentivando-a a se perceber e a dizer como se sente, ajudando-a a diferenciar e a nomear seus sentimentos e a buscar compreender suas relações com os outros.

Os primeiros contatos sociais, seja na família, na escola ou na comunidade, são fundamentais para que a criança amplie suas percepções e seus questionamentos sobre si e sobre os outros, diferenciando-se e, ao mesmo tempo, identificando-se e desenvolvendo-se como um ser individual e social.

"O eu e o outro constituem-se, então, simultaneamente, a partir de um processo gradual de diferenciação, oposição e complementaridade recíproca. Compreendidos como um par antagônico, complementam-se pela própria oposição. De fato, o Outro faz-se atribuir tanta realidade íntima pela consciência como o Eu, e o Eu não parece comportar menos aparências externas que o Outro."

Henri Wallon, médico, psicólogo e filósofo francês

As atividades deste livro incentivam o diálogo com a criança, destacam o autoconhecimento, o cuidado e o autocuidado e abordam as emoções com naturalidade, partindo das vivências dela. Para promover a experiência lúdica com o material e criar muitas outras oportunidades de conversa, o livro traz um jogo da memória sobre o corpo humano e um jogo de mímica com as emoções e propõe, ainda, colagem de adesivos, que auxilia no despertar sensorial e no desenvolvimento da coordenação motora, incentivando, assim, a interação com as propostas das atividades.

As brincadeiras são apresentadas em diferentes níveis de complexidade e, em alguns momentos, sugerem até o envolvimento de outros participantes, mas o percurso de descobertas é individual e as atividades podem ser exploradas de acordo com o interesse da criança. É importante apoiá-la nas atividades com o livro lendo para ela, observando as suas reações, ouvindo e estimulando as interações.

Dicas para todo dia

- Fale sobre seus sentimentos, diga quando está feliz e explique que, quando está irritado, por exemplo, precisa de um tempo para se refazer.
- Em conversas cotidianas, pergunte como a criança se sente, ouça a resposta com atenção e ofereça ajuda se necessário.
- Faça elogios à criança considerando o seu empenho em realizar as atividades e não apenas os resultados.
- Atribua responsabilidades adequadas à faixa etária da criança, dando-lhe chance de tomar decisões, e deixe que ela busque suas realizações.
- Ensine a criança sobre a importância de aprender com os próprios erros, sempre de maneira positiva.
- Demonstre com carinho que se importa com a criança. Todos aprendemos com o exemplo, mesmo quando estamos falando de emoções.

Nível 1

A descoberta de si

Desde muito cedo, a criança começa a construir a sua autoimagem e a desenvolver a sua autoestima. Quando, por exemplo, um bebê fica em pé pela primeira vez após inúmeras tentativas, intuitivamente já começa a ter noções sobre persistência e realização e, ao se sentir valorizado e acolhido a cada vez que procura se levantar e cai, sua afetividade também é estimulada.

Durante seu desenvolvimento, o tempo todo a criança tenta, falha, tenta de novo e falha de novo, mas é assim que, aos poucos, consegue ampliar suas habilidades e sensações. Enquanto isso, ela vai se percebendo como indivíduo, desenvolvendo crenças, sentimentos e pensamentos sobre suas próprias capacidades. Nesse processo, as interações com os familiares são essenciais, pois a ajudam a formar conceitos saudáveis sobre si e sobre os outros.

Conheça alguns dos temas em destaque nas propostas deste nível que contribuem, de forma divertida, para o diálogo e a reflexão com as crianças:

- ✔ Atividades como a observação de suas próprias fotos, o reconhecimento das diferentes etapas do crescimento e de momentos importantes da vida e o incentivo para interações diante do espelho e para produzir seu próprio retrato favorecem **o autoconhecimento e a valorização da autoimagem**.
- ✔ Brincadeiras em dupla e propostas que abordam o compartilhamento de experiências e de objetos valorizam **a parceria e a percepção sobre o outro**.
- ✔ Os estímulos ao autocuidado mostram **a importância de hábitos saudáveis, de alimentação e de higiene pessoal**.

Durante as interações com o livro, converse com a criança, ouça suas ideias e opiniões e destaque as cenas afetuosas que ilustram as atividades. Você vai se divertir com ela, fazendo gestos e brincando na frente do espelho, revendo fotografias e cantando no chuveiro.

Alguém muito especial

Quer descobrir alguém para amar? Olhe-se no espelho. É você mesmo! Complete o tracejado do espelho e desenhe seu rosto nele. Pinte os corações, na página ao lado, e cole, abaixo, os adesivos que estão no final do livro.

Amor em família

É muito importante dar e receber atenção e carinho! Você já abraçou alguém da sua família hoje? Complete a cena, pintando as imagens e colando os **adesivos** correspondentes no final do livro.

Meu primeiro álbum

Sua família guarda recordações de quando você era bem pequeno? Você já viu fotos de outros bebês? Peça ajuda a um adulto para numerar, na ordem correta, as etapas de crescimento de uma criança e para colar os **adesivos** que estão no final do livro. Depois, complete o tracejado e cole uma foto sua de quando era bebê.

Que fome!

Convide alguém para participar com você desta brincadeira: cada um escolhe seu personagem e encontra no final do livro o **adesivo** correto para colar. Depois, façam a trilha com os dedinhos e tracem o caminho com giz de cores diferentes, para descobrir o que cada um vai comer.

A quitanda

Você já dividiu seu lanche com alguém? Encontre, no final do livro, os **adesivos** para colar na cena e pinte a maçã. Faça um **X** na fruta de que você gosta mais e **circule** aquela de que você gosta menos.

Hora de relaxar

Você gosta de cantar enquanto toma banho? Qual a sua música favorita? Quantas vezes ao dia você escova seus dentinhos? Complete os tracejados e deixe as imagens bem coloridas.

Xô, cáries!

O que você usa para fazer sua higiene bucal? Encontre, no final do livro, o **adesivo** para colar no lugar correspondente. Depois, preste atenção na cena e circule os objetos intrusos.

Parabéns!

Que data especial costumamos comemorar assoprando as velinhas? Use seu dedo para ligar cada bolo à sua sombra e, depois, trace com giz.

Feliz aniversário!

Quantos anos você tem? Cole o adesivo que está no final do livro, pinte o bolo e, depois, desenhe sobre ele as velinhas que correspondem à sua idade. Lembre-se: escove sempre os dentes após as refeições e depois de comer doces!

Diversão no parque

Em um passeio ao ar livre, o que você gosta de fazer com os amigos ou com a família? O que você prefere fazer sozinho? Encontre, no final do livro, os adesivos para colar nos espaços certos. Depois, descubra e circule na cena os itens em destaque na página ao lado.

Vamos colorir?

Os animais também precisam de alimento para viver. Qual é o nome da fruta de que o macaco e o passarinho gostam tanto? E você, gosta dessa fruta? Cole o **adesivo** que está no final do livro e pinte a cena como a da página ao lado.

BRINQUE MAIS

Campos de Experiências é só o começo!

Espelho, espelho meu!

Pelo olhar dos pequenos, um objeto comum como o espelho se transforma em um brinquedo cheio de possibilidades. Com a criança, faça um campeonato de caretas, brinque com mudanças de expressões, nomeando as emoções, dance e faça o jogo do sério, brincando de trocar olhares pelo espelho, sem rir. Enquanto se diverte, a criança vai se conhecendo, descobrindo suas características e seu próprio corpo e ganhando confiança e autoestima.

Festa no banheiro

A hora do banho pode virar um momento especial! Para isso, é preciso um pouquinho de imaginação. O chuveirinho pode virar um microfone e incentivar a criança a cantar sua música favorita. Outra dica é fazer "esculturas" engraçadas com o cabelo cheio de xampu — e aí será preciso reservar um tempo para que a criança se olhe no espelho.

Afeto de presente

Convide a criança para preparar com você sanduíches caprichados, uma colorida salada de frutas ou até mesmo um bolo simples, mas com um plano especial: oferecer a gostosura como presente para alguns amigos ou para os avós. É importante que ela se envolva e perceba o quanto esse mimo é valorizado pelo carinho, que vai desde o preparo até a hora de compartilhar o lanchinho.

Nível 2

Identificar sentimentos

Não podemos escolher os nossos sentimentos e, no dia a dia, pode ser um desafio para a criança lidar com as diferentes situações e emoções com as quais se depara. É importante que o adulto fique atento às reações e dúvidas que ela apresenta, mostrando-se aberto para conversar e incentivando-a a se perceber e a dizer como se sente, ajudando-a a diferenciar e nomear essas emoções e a compreender também os sentimentos dos outros.

Algumas propostas deste nível destacam temas sensíveis, como o medo, e outras valorizam o desenvolvimento da autonomia, sempre respeitando o ritmo de cada um, com o objetivo de estimular o diálogo e a brincadeira em casa:

- Atividades com diferentes expressões faciais relacionadas às emoções ajudam a criança a observar e a entender melhor as pessoas que estão ao seu redor, **a respeitar as diferenças e a compreender, nomear e expressar seus próprios sentimentos.**
- Imaginar o que pode assustar uma outra pessoa permite conversar e refletir sobre as emoções e **aprender a lidar melhor com o medo.**
- As brincadeiras trazem referências aos animais de estimação, incentivando a afetividade, a responsabilidade e a autonomia. Além disso, convidam a criança a **compreender o ciclo da vida e a buscar tranquilidade e segurança no contato com a natureza.**
- Relembrar seus contos e personagens favoritos e ouvir e recontar histórias são formas de **identificar conflitos e experiências e refletir sobre as emoções que eles despertam.**

Por meio de brincadeiras e pela interação com outras crianças e com os adultos, cada criança vai observar e valorizar suas conquistas, buscar mais autonomia e perceber a importância de se conectar e de aprender com os outros.

Tantas emoções...

Alegria, tristeza, medo... Complete os tracejados, pinte os corações e cole os **adesivos** que estão no final do livro nos lugares correspondentes. Depois, desenhe e pinte, no coração **maior**, a emoção que você sente agora.

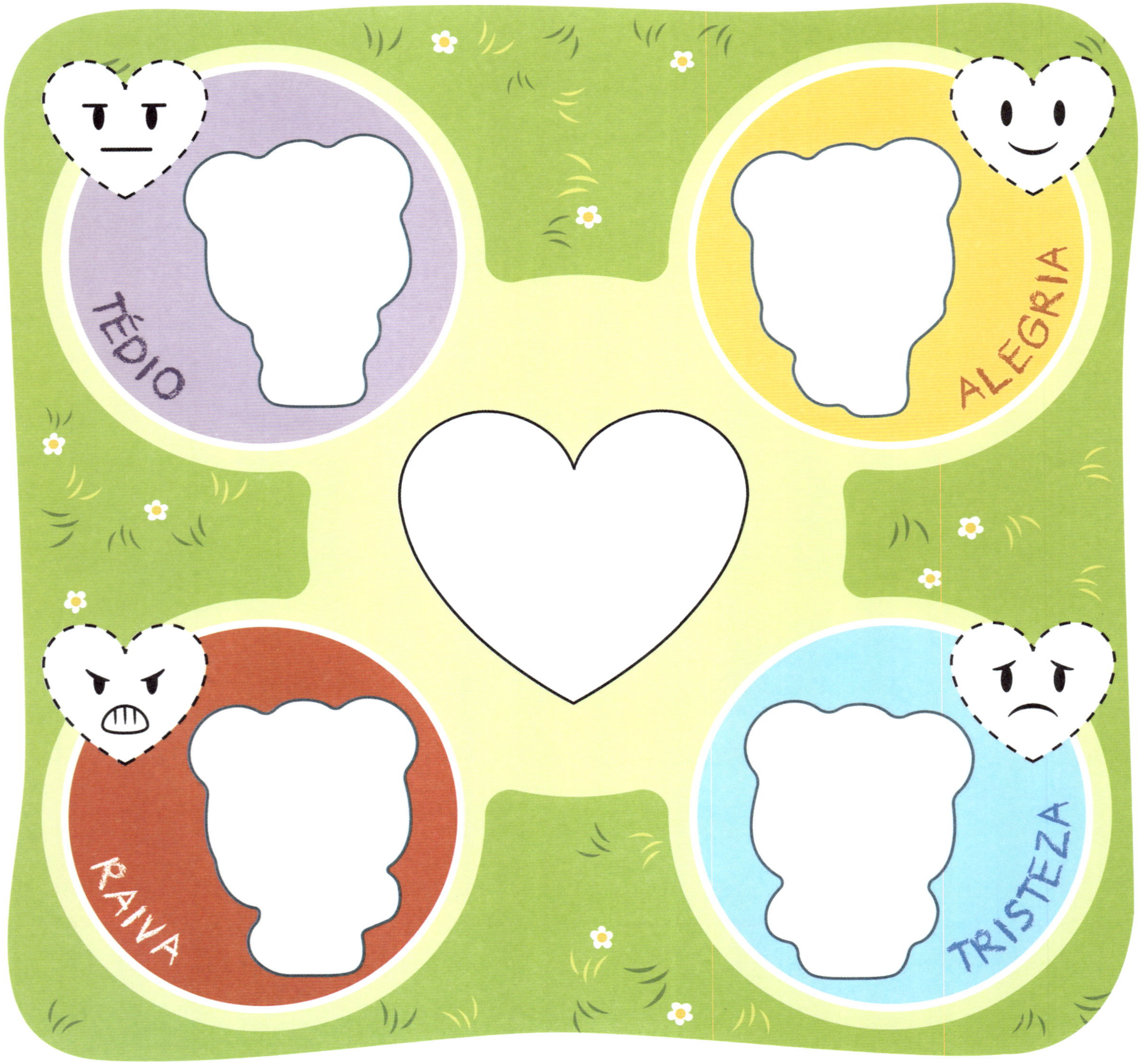

Invenções

Se você pudesse criar um robô, qual escolheria? O que ele faria por você? Circule os dois robôs iguais e marque com um **X** o único que tem coração.

Que susto!

O que assusta você? O que está assustando a menina? Para descobrir, cole o **adesivo** que está no final do livro. Depois, complete os tracejados e pinte a árvore.

Bichos na escuta

Treine com o dedo os caminhos que ligam cada animal com a própria orelha. Depois, pinte da mesma cor as trilhas e molduras correspondentes. E você, quantas orelhas tem?

Amor aos animais

Cole, nos lugares certos, os **adesivos** que estão no final do livro. Use o dedo para treinar e, depois, trace com o giz as trilhas que levam cada personagem ao seu bichinho de estimação. Você já cuidou de algum animalzinho?

Eu já sei me vestir

O que as crianças estão fazendo?
Marque um **X** nas cenas que mostram algo que você consegue fazer sozinho. Encontre, no final do livro, os **adesivos** para colar abaixo e deixe as roupas bem coloridas!

Hora da leitura

É muito gostoso ouvir e contar histórias!
Para saber quais os personagens favoritos das crianças, cole os **adesivos** que estão no final do livro nos espaços corretos. Depois, desenhe, nos balões em branco, os personagens de que você mais gosta.

Aguarde a sua vez!

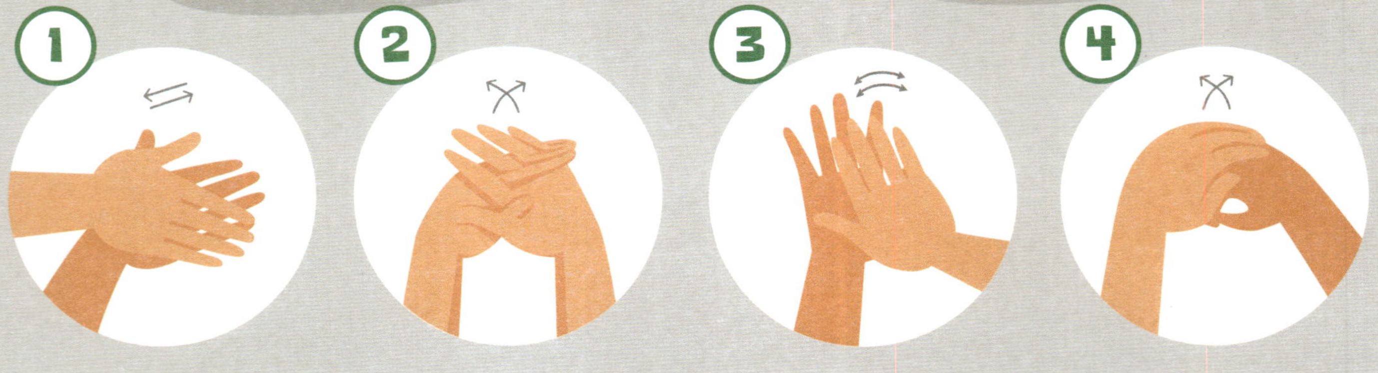

Cole os **adesivos** que estão no final do livro para completar o passo a passo e aprender a lavar as mãos. Observe a fila das crianças respeitando a vez de cada um. O que será que eles vão fazer depois?

5

6

7

Boa surpresa!

Cole, no lugar indicado, o **adesivo** que está no final do livro e descubra o motivo da alegria da mamãe dinossauro. Depois, complete o colorido da cena como na página ao lado.

O piquenique!

Circule a peça que se encaixa no quebra-cabeça. Em seguida, pinte as frutas, complete as outras cestas com os **adesivos** que estão no final do livro e desenhe na cesta vazia o seu lanche preferido. Que tal reunir a sua família e preparar uma cesta de verdade para um piquenique gostoso?

Encontre as diferenças

A turma da fazenda é formada por muitos bichos diferentes. Cada um tem seu jeito e todos são amigos. Compare as cenas e marque as diferenças com um **X**. Depois, circule em **vermelho** o animal de que você gosta mais.

BRINQUE MAIS

Campos de Experiências é só o começo!

A melhor hora do dia!

Ouvir e contar histórias é uma forma de vivenciar e expressar as mais diferentes emoções e de se conectar de uma forma especialmente afetuosa com as crianças. Leia um livro ou conte uma história que conhece e, em outros momentos, convide-a a recontar suas histórias favoritas. Escolha um lugar acolhedor e procure fazer dessa atividade uma rotina.

Carinho especial

Se a família tem uma mascote, é importante que a criança participe dos cuidados e brincadeiras com ela. Convide-a para ajudar na hora de alimentar o bichinho, repondo a água e fazendo a higiene do local onde ele dorme, por exemplo. Se não tiverem mascotes em casa, podem oferecer ajuda, de vez em quando, na casa de um familiar ou de um amigo ou amiga.

Roupas para brincar

Muitas vezes, a criança demora para se vestir sozinha, mas o adulto não deve cair na tentação de fazer tudo por ela. É importante ajudá-la a conquistar autonomia para realizar tarefas do cotidiano. Reserve um momento para separar algumas peças de roupas — pijamas, pantufas, fantasias e roupas de adulto — para brincar de imitar os pais, fazer um desfile de modas ou uma peça de teatro. Enquanto se transforma em diferentes personagens, a criança vai trocando de roupa e de calçado e aprende a se expressar e a se vestir brincando.

Nível 3

Novas percepções

Quanto mais a criança amplia seus contatos sociais, mais as trocas de experiências se intensificam. Relacionando-se com crianças e com adultos, ela descobre outras realidades, outras formas de viver, de pensar e de imaginar o mundo. Essas percepções são essenciais para seu desenvolvimento físico, cognitivo e emocional e contribuem de forma decisiva na formação de sua personalidade.

A seguir, saiba mais sobre os temas e os objetivos em destaque neste nível. Eles valorizam especialmente as interações e a percepção da criança sobre si mesma e sobre os outros, abrindo caminhos para o diálogo de forma espontânea e divertida:

- Observar as diferentes formações familiares e as relações de parentesco ajuda a criança a perceber com mais clareza as suas **conexões afetivas**, a entender seu papel social e a se ver como parte de um núcleo de afeto.
- Com o JOGO DA MEMÓRIA, a criança vai **conhecer melhor as partes do corpo** e terá a oportunidade de experimentar sensações relacionadas ao desafio de jogar: expectativas, realizações, alegrias e até decepções. Valorize cada tentativa, celebre as vitórias, considere o aprendizado diante de uma derrota e reforce que todos gostam da sensação de vencer.
- Muitas crianças, e mesmo os adultos, adoram histórias de heróis. A brincadeira com esses personagens é uma oportunidade de **refletir sobre os "superpoderes" que queremos desenvolver.**
- Para identificar suas preferências, a criança precisa viver novas experiências, provar novos sabores e, assim, avançar em seu **autoconhecimento.**

Ao interagir com a criança enquanto ela desenha, brinca, cola seus adesivos e joga, você pode identificar melhor seus interesses e questionamentos e aprofundar a conversa sobre seus sentimentos também, valorizando ainda mais esse momento compartilhado de diversão e afeto.

Álbum de família

Em sua família, há poucas ou muitas pessoas? Quem é o mais velho e quem é o mais novo? Com quem você se parece? Complete os tracejados, faça um desenho seu com um parente querido na página ao lado e, abaixo, cole o **adesivo** que está no final do livro.

Saber jogar

É muito gostoso ser campeão em um jogo, mas nem sempre a gente ganha. O que você sente quando vence? E quando perde? Complete os espaços indicados com os **adesivos** que estão no final do livro e deixe tudo bem colorido!

Não estou só

O que o menino está sentindo? Ajude-o a encontrar a proteção de sua mamãe. Use seu dedo para fazer a trilha certa e, depois, trace-a com giz.

Cresci!

A régua na parede é um jeito divertido de marcar a nossa altura. Você já fez seu medidor? Cole o **adesivo** que está no final do livro no lugar indicado, complete os tracejados e deixe tudo bem colorido.

Dentes saudáveis

Para aprender como escovar os dentes, cole neste álbum de figurinhas os **adesivos** que estão no final do livro. Depois, complete o tracejado e pinte o fundo das páginas com giz da sua cor preferida.

O banheiro

Complete as figuras tracejadas. Em seguida, encontre, no final do livro, e cole nos espaços indicados, os **adesivos** de alguns produtos de higiene pessoal. Conte como você usa esses produtos.

Superlegais!

Que nome você escolheria para estes defensores animais? Que superpoder será que cada um tem? Cole os **adesivos** que está no final do livro, complete os tracejados e deixe os uniformes dos heróis bem coloridos.

Diversão em turma

Do que você mais gosta de brincar com seus amigos? Circule o seu brinquedo preferido e faça um **X** naquele de que gosta menos. Depois, fique atento e encontre na cena cinco joaninhas.

Jogo da memória

Você conhece bem todas as partes do seu corpo? Convide um amigo para se divertir com este jogo que desafia a memória!

INSTRUÇÕES:

1. Peça ajuda a um adulto para recortar as fichas das páginas seguintes.

2. Observe as peças e veja que há sempre duas imagens iguais, formando pares.

3. Você e seu amigo devem arrumar as fichas com as figuras para cima e depois pedir a um adulto para marcar o tempo de 1 minuto, para vocês memorizarem o local onde está cada peça. Em seguida, virem as fichas com as figuras para baixo, nas mesmas posições.

4. Tirem na sorte para ver quem começa a brincadeira.

5. Cada participante deve, na sua vez, desvirar duas peças. Se as figuras forem iguais, o jogador fica com o par de fichas e joga mais uma vez. Se as figuras forem diferentes, as peças permanecem no lugar, viradas para baixo, e o jogador passa a sua vez para o amigo jogar.

6. As jogadas se repetem até as peças acabarem. Vence quem tiver mais pares.

COTOVELO

BOCA

LÁBIOS

MÃO

DEDO

PÉ

CABEÇA

NARIZ

OLHO

ORELHA

BRAÇO

PERNA

COTOVELO

BOCA

LÁBIOS

MÃO

DEDO

PÉ

CABEÇA

NARIZ

OLHO

ORELHA

BRAÇO

PERNA

Tantas gostosuras!

Uma alimentação variada é gostosa e saudável! Cole no lugar certo o **adesivo** que está no final do livro e observe: será que você come de tudo? Circule os alimentos de que mais gosta e faça um **X** naqueles de que gosta menos.

Rotina

Depois de acordar, o que devo fazer?

1. Guardar os brinquedos.

2. Tirar o tênis.

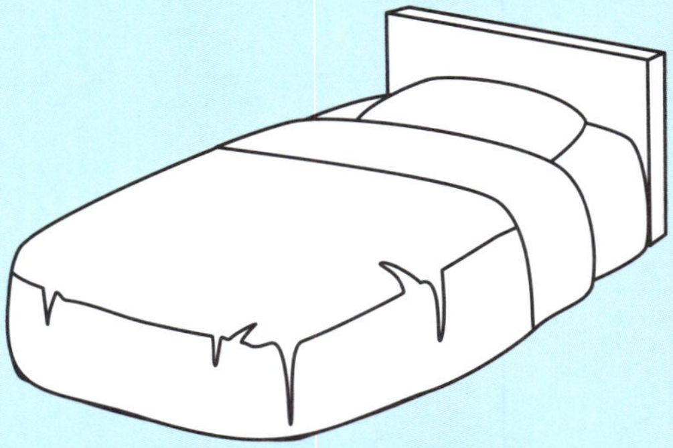

3. Arrumar a cama.

Quando estou sujo, o que devo fazer?

1. Pentear o cabelo.

2. Tomar banho.

3. Ir para a escola.

Todos os dias, fazemos atividades que devem seguir uma ordem. Você sabe o que fazer em cada situação? Responda colorindo apenas a resposta certa para cada caso.

Quando vou estudar, o que devo fazer?

1. Ler meus livros e minhas anotações nos cadernos.

2. Andar de bicicleta.

3. Olhar pela janela.

Antes de comer, o que devo fazer?

1. Regar uma planta.

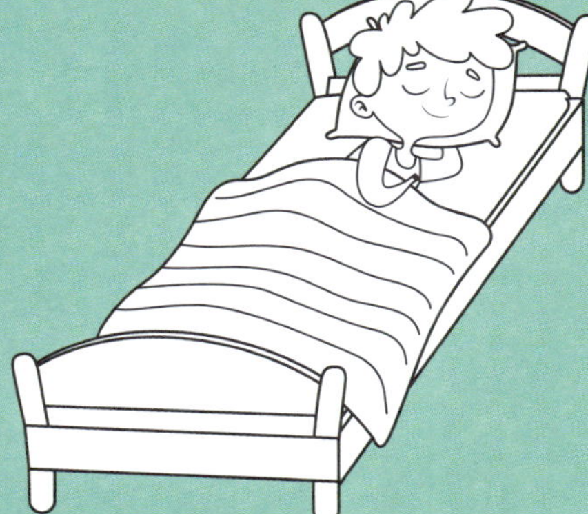

2. Ir dormir.

3. Lavar as mãos.

BRINQUE MAIS

Campos de Experiências é só o começo!

Superpoderes

A atividade com os heróis, na página 66, pode render uma boa conversa e muitas brincadeiras em casa. Depois de escolher os poderes dos animais, sugira que a criança pense nos poderes que gostaria de ter e conte o que faria se os tivesse. Entre no jogo e escolha quais seriam os seus poderes também. Vocês podem recortar fotografias e completar com desenhos e colagens, para fazer seus retratos como heróis, acrescentando acessórios e roupas que combinem com cada um.

Histórias de família

Reúna fotos de família de diferentes épocas para fazer um caderno de lembranças. É interessante buscar referências mais antigas e incentivar as crianças a observarem as roupas e os cenários das fotos, resgatar histórias de festas, viagens e passeios que aconteceram na infância dos pais e dos avós.

Jogo para todas as horas

Explore a brincadeira do Jogo da Memória, na página 70, e prepare, com a criança, uma caixinha ou um saquinho para guardar as fichas e levá-las quando saírem de casa. Quando a criança já conhece as regras, o Jogo da Memória pode ser uma alternativa interessante para substituir o uso de dispositivos eletrônicos, por exemplo. Além de ser menos imersivo, ela pode jogar sozinha ou convidar parceiros de qualquer idade e, assim, fazer novas amizades.

Nível 4

OUT OF CLASS

E se eu fosse você?

A empatia pode ser definida como a capacidade de ouvir, de acolher e de se colocar no lugar do outro. Essa é uma habilidade fundamental na hora de ajudar a criança a compreender seus sentimentos. Afinal, ela está descobrindo todos os dias emoções novas e cada vez mais complexas.

As propostas deste nível envolvem maior interação e situações mais elaboradas que convidam à reflexão:

- Ao entender **a importância de regras e combinados** para garantir a segurança e o bem-estar de todos, a criança pode assimilar como deve agir e consegue pensar melhor nas consequências de suas atitudes.
- Ao identificar e **nomear as mais diversas emoções e tentar expressá-las por meio de mímica**, a criança pode perceber nuances e motivações diferentes nos sentimentos e exercitar seu olhar para o outro.
- Ao valorizar cada vez mais as suas características e as dos outros, a criança vai perceber **a importância de respeitar as diferenças que nos caracterizam e nos definem como seres humanos.**
- Incentivar **a percepção de sentimentos e reações** que a criança tem diante das mais diferentes situações, e conversar sobre isso, permite que ela compreenda melhor suas emoções.
- Analisar e compreender o próprio medo e o dos outros é uma forma de **desenvolver empatia e de refletir sobre nossas limitações**, tentando superá-las, de alguma maneira.

Vale lembrar que ajudar a criança a refletir sobre as próprias emoções não quer dizer que ela não vai se sentir triste, desapontada ou com raiva, mas sim que terá mais recursos e possibilidades, tanto para compreender e lidar com as suas próprias emoções quanto para entender o que os outros sentem. Isso a ajudará na resolução de conflitos, na tomada de decisões e na construção de novos relacionamentos.

Amigos na janela

As pessoas são bem diferentes umas das outras. Como você é? E os seus amigos, como são? Complete os tracejados e desenhe-se junto a uma pessoa especial na janela que está vazia. Depois, cole os adesivos que estão no final do livro e pinte tudo bem colorido.

Cabeleiras

Todos os tipos de cabelo são bonitos! Desenhe e pinte seu rosto e seu cabelo do jeito que eles são. Em seguida, complete o rosto do palhaço com os adesivos que estão no final do livro e o tracejado da peruca com giz de muitas cores.

Os cinco sentidos

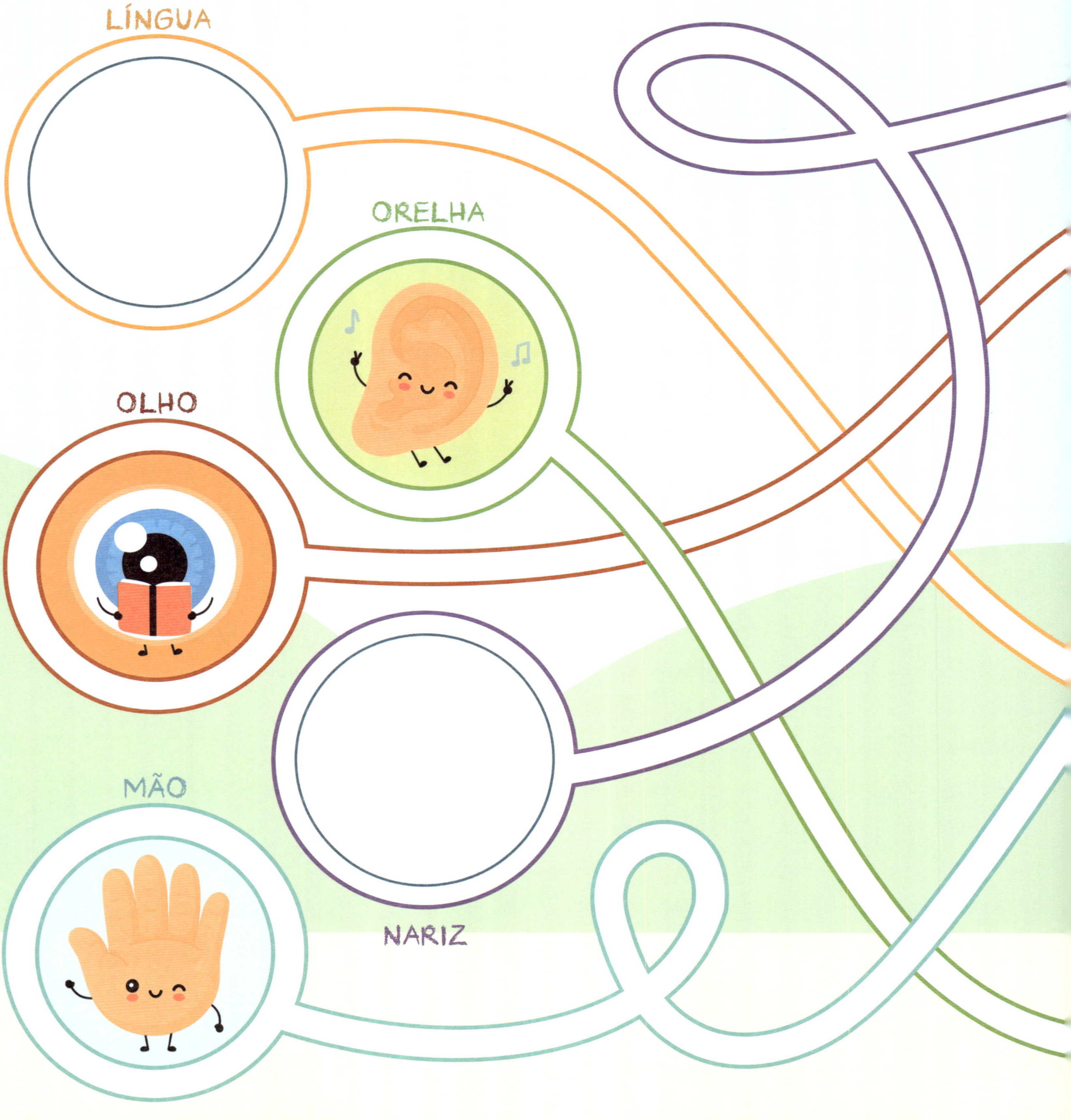

Ver, ouvir, sentir texturas e temperaturas e perceber sabores e cheiros... Cole os adesivos que estão no final do livro para completar alguns dos órgãos do nosso corpo responsáveis por esses sentidos. Depois, preencha na mesma cor a trilha que liga cada órgão à cena que mostra sua função.

De olho nas regras

As crianças estão atravessando no lugar certo? Para garantir a segurança, é preciso respeitar as leis de trânsito. Deixe as cenas iguais: cole os adesivos que estão no final do livro nos lugares corretos.

Labirinto

Encontre o caminho para o motorista do ônibus levar as crianças com segurança até a escola. Treine o trajeto com o dedo e, depois, complete a trilha correta com giz.

Como eu me sinto quando...

O que você está vendo em cada cena? Como você se sente quando coisas assim acontecem? Pinte a carinha com a cor da legenda de acordo com o seu sentimento em cada situação.

Detetives em ação

Chame uma criança para este desafio. Contem quantos animais há de cada espécie e anotem os números nos quadradinhos. Quem contar mais bichos é o melhor detetive!

Seu canto

Você dorme sozinho ou divide seu quarto com alguém? Complete a cena com os adesivos que estão no final do livro e desenhe algo ou alguém que você gostaria que estivesse em seu quarto.

Agora eu estou...

Convide seus amigos e familiares para brincar de mímica com as divertidas FICHAS DAS EMOÇÕES.

INSTRUÇÕES:

1. Peça a um adulto para recortar as fichas da página ao lado. Ele será o ajudante que vai guardar as fichas em um saquinho escuro, ajudar na leitura das regras e das fichas e marcar o tempo e a pontuação.

2. Formem duas equipes de três ou mais crianças a partir de quatro anos de idade. Um representante da equipe A e um da equipe B vão tirar na sorte para saber quem começa o jogo.

3. Quem vencer vai ficar longe dos demais e retirar uma ficha do saquinho.

4. Com a ajuda do adulto, o participante da equipe A, por exemplo, vai ler a ficha e descobrir que tipo de emoção deve demonstrar para a sua equipe. Ele vai dizer "**AGORA EU ESTOU...**" e, em seguida, fazer a mímica de acordo com a ficha, usando apenas gestos, sem falar nada.

5. O ajudante adulto fica com a ficha e conta o tempo de um minuto. Se nesse tempo um amigo da equipe A acertar, ele será o próximo a retirar uma ficha e a equipe A ganha um ponto.

6. Se ninguém acertar, ninguém ganha ponto e será a vez de um jogador da equipe B retirar uma ficha. O jogo termina quando acabarem as fichas.

OUTRO JEITO DE BRINCAR

Se a turma for pequena, vocês podem adaptar a brincadeira. Tirem na sorte quem será o primeiro a pegar uma ficha. Com apoio do ajudante adulto, vai fazer a mímica para os demais. Quem acertar é o próximo a brincar e assim por diante, até terminarem as fichas.

ALEGRE

EMPOLGADO

MEDROSA

TRISTE

APAIXONADA

ORGULHOSO

RADIANTE

RAIVOSO

SONOLENTA

INSEGURO

ENOJADA

CHOROSO

ENTEDIADA

ASSUSTADO

APRESSADA

QUIETO

Medo de quê?

A menina tem medo do monstro. E o monstro, será que tem medo de quê? Desenhe, no espaço em branco, o que você imagina que pode assustá-lo. Depois, cole, no lugar certo, o **adesivo** que está no final do livro.

Caminho seguro

A menina de patinete precisa ir para casa e há vários caminhos que ela pode fazer. Trace o percurso para ela, mas, atenção: não passe pelos caminhos que podem ser perigosos.

Aos pais!
Perceba as escolhas que a criança faz e, se necessário, mostre as possíveis consequências das escolhas erradas.

BRINQUE MAIS

Campos de Experiências é só o começo!

De olho nos caminhos

O caminho para a escola ou para um passeio pode se tornar mais divertido e seguro se você chamar a atenção da criança para o que podem identificar nas ruas. Destaque os semáforos e, de maneira lúdica, ensine o significado das cores das luzes: o verde quer dizer seguir, o amarelo pede atenção e o vermelho é sinal de parar. Siga sempre as regras de trânsito para dar o exemplo, mostrando a faixa de pedestres e de outros itens de sinalização.

Ai, que medo!

Depois de pensar sobre o que nos faz sentir medo e de tentar imaginar o que pode assustar um monstro, na atividade da página 97, divirtam-se fazendo desenhos que mostrem o que poderia assustar os personagens de desenhos animados, jogos ou contos infantis, como Os Três Porquinhos, A Pequena Sereia ou Cinderela, por exemplo.

Esforço premiado!

A criança chegou até aqui e, por isso, merece um presente por ter completado o livro. Então, ajude-a a preencher o DIPLOMA no final do livro. Depois, recorte-o pelo tracejado e peça para ela guardá-lo como lembrança dos momentos felizes de aprendizado e diversão que vocês vivenciaram juntos. Continue incentivando-a a fazer novas descobertas sobre si mesma e sobre os outros. Parabéns para vocês!

DICAS PARA pais e educadores

Veja como usar os livros da coleção **Campos de Experiências** para tornar ainda mais especiais seus momentos com a criança!

✔ Na hora certa

Evite iniciar as atividades do livro se a criança estiver muito agitada, envolvida com outra brincadeira, sonolenta ou com fome, por exemplo. É melhor aguardar um momento em que ela esteja mais disponível e tranquila, para que possa dedicar mais atenção a cada proposta.

✔ Mantenha o foco

O ideal é acompanhar a criança durante toda a atividade, apresentando as propostas, ouvindo as perguntas, observando-a com atenção e valorizando seus comentários e progressos. Reserve esse tempo de qualidade para estar com a criança, mantendo distância de aparelhos eletrônicos e evitando fazer várias coisas simultaneamente.

✔ Comece do começo

Não há uma ordem determinada para a realização das atividades, mas o ideal é começar pelas mais simples, avançando aos poucos. Caso perceba pouco interesse da criança por certo desafio, avance nas páginas para outro tema que chame mais a atenção dela e retorne a esse em outro momento.

✔ Sempre à mão

Deixe o livro em um local acessível, para que a criança possa folheá-lo, explorar os temas e descobrir por quais se interessa mais, rever as páginas que completou e também ter a iniciativa de convidar você a fazer as atividades.

✔ Perceba a hora de parar

A atenção ativa das crianças, especialmente das mais novas, tem duração limitada. É essencial respeitar essa característica, sugerindo as propostas mais adequadas a cada momento. Se for o caso, apresente desafios em etapas ou faça pausas e fique atento para interromper uma atividade antes que a criança apresente sinais de irritação ou cansaço.

✔ Seja positivo

Caso a criança cometa algum erro enquanto realiza uma atividade, não a reprove nem demonstre decepção. Valorize sua criatividade e seu empenho e procure incentivá-la a tentar mais vezes, reafirmando a sua confiança. Diga que será mais fácil na próxima tentativa e que vocês conseguirão melhores resultados depois de mais treino.

✔ Desafios na medida certa

Escolha a atividade adequada: se estiver fora de alcance naquele momento, a criança pode ficar irritada e desistir e, se for fácil demais, pode não se interessar em terminá-la.

✔ Envolva-se!

A atenção do adulto é muito importante para que a própria criança valorize a atividade que está realizando. Participe da brincadeira e, ao terminarem uma atividade, comemore com um abraço carinhoso.

✔ Sensibilidade é tudo!

Na infância, a aprendizagem está muito ligada a sensações e emoções. É importante estimular a criança a vivenciar as situações de forma concreta, tocando nos materiais, ouvindo palavras e sons, observando imagens, explorando a sensação e utilizando os sentidos para concretizar a aprendizagem.

ESCREVER faz bem!

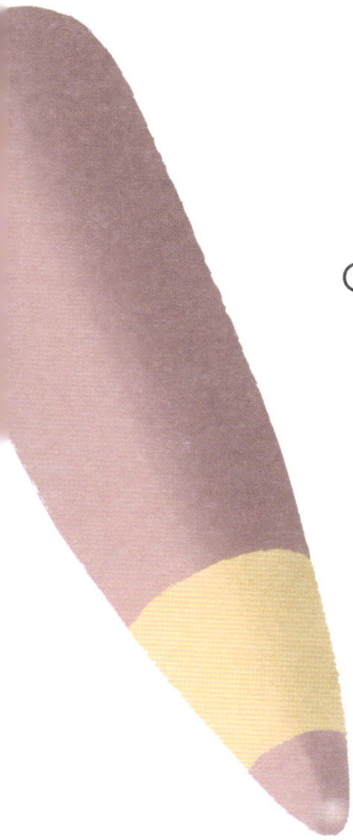

O uso de teclados, telas e *joysticks* é cada vez mais frequente; entretanto, especialistas em neurologia e neurociência alertam sobre a importância da escrita manual, a qual é capaz de ativar áreas do cérebro ligadas a habilidades como coordenação motora, memória, atenção, organização de ideias, coerência e raciocínio, além de favorecer a criatividade e a comunicação.

Na infância, traçar, desenhar, pintar e escrever à mão é ainda mais importante, pois esse tipo de atividade influencia o desenvolvimento global da criança e de todo o seu processo de alfabetização.

Os exercícios de escrita favorecem a percepção espacial e a organização, ajudam na coordenação visomotora e fixam memórias que permitem reconhecer as formas das letras e aprender os movimentos e as conexões necessárias para escrever e ler, definindo ligações entre os processos de leitura e de escrita, facilitando o reconhecimento visual, a organização mental e a percepção de conceitos abstratos.

Para os adultos, escrever já é um processo automatizado, mas para as crianças essa competência é resultado do avanço gradual de **múltiplas habilidades**, dentre elas: a capacidade de perceber, distinguir e produzir sons para se comunicar; a memória; a consciência corporal; a organização espacial e a coordenação das mãos e dos dedos.

Na fase entre 3 e 6 anos de idade, muitas dessas habilidades estão em sua potência máxima de desenvolvimento. Portanto, oferecer aos pequenos materiais adequados às suas primeiras experiências de escrita é um grande estímulo para que avancem nesse caminho. Outra dica é escrever com as crianças, redigindo cartões, fazendo listas de convidados e de compras ou bilhetes e mostrando a escrita à mão como uma atividade lúdica e prazerosa.

Corpo em equilíbrio

A percepção do corpo e o controle da postura e dos movimentos também são importantes para avançar nas habilidades de escrita. Ajude a criança a se concentrar e se posicionar corretamente, a fim de vocês se divertirem com este livro. Para isso:

- Procurem um local bem iluminado e sem barulho.
- A criança deve ficar sentada em uma cadeira adequada a seu tamanho, com as costas e os pés apoiados.
- Os cotovelos e os antebraços devem estar livres e a mão em repouso.
- A mesa precisa estar próxima e ter a altura adequada para que a criança se incline levemente, sem precisar ficar apoiada na mão ou sobre a mesa.

Brincar para escrever

Algumas atividades divertidas ajudam a desenvolver a motricidade. Convide a criança a manusear livros e cadernos, aprendendo a virar as páginas uma a uma, a brincar com blocos de montar, massinha de modelar, fantoches e dedoches, a rasgar papéis de diferentes espessuras e a usar pinças ou pegadores para colocar e tirar brinquedos de um pote.

De olho nas mãos

Quando fazemos uma anotação qualquer, nem reparamos nas nossas mãos, mas a posição dos dedos ao pegar um lápis é resultado de um longo aprendizado motor e cognitivo.

A forma de segurar uma ferramenta de escrita é chamada de pega ou preensão. A preensão trípode, quando se utiliza apenas o polegar, o indicador e o dedo médio para escrever, é considerada a mais adequada, pois exige menos esforço e favorece a fluidez e o desenvolvimento da caligrafia.

Entenda as etapas do processo que permite à criança utilizar corretamente o lápis:

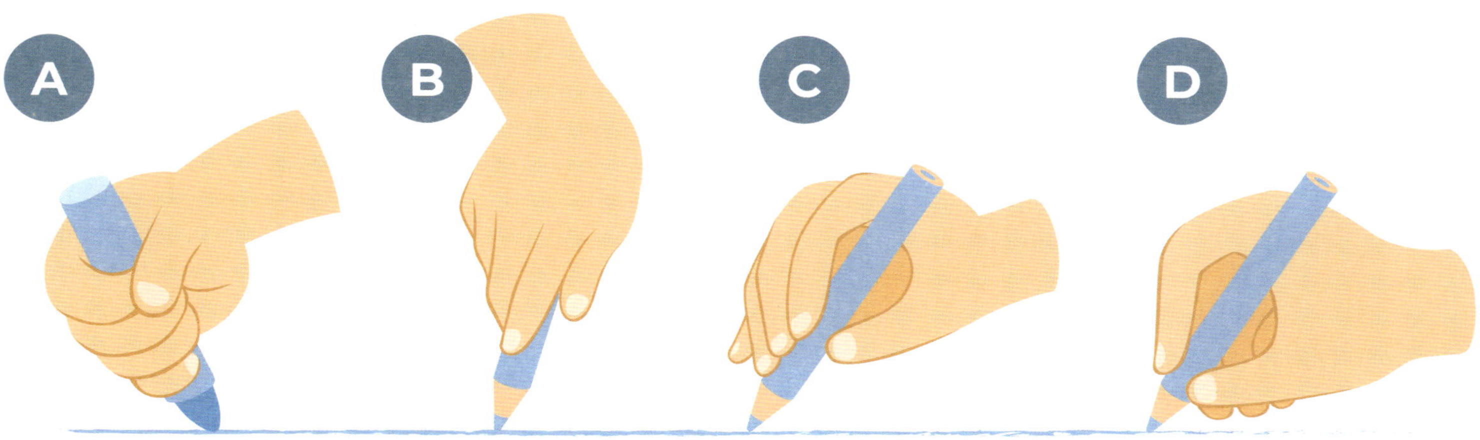

A) Preensão palmar: entre os 12 e 18 meses de idade, a criança usa praticamente toda a mão para segurar o lápis e movimenta também o ombro e o braço para movê-lo. Nessa fase, o mais adequado é usar um giz de cera bem grosso.

B) Preensão pronada: surge por volta dos 2 e 3 anos de idade. A criança passa a usar mais os dedos para segurar o lápis e o movimento envolve, principalmente, o antebraço e o cotovelo.

C) Preensão com quatro dedos: geralmente entre os 3 e os 4 anos de idade, a criança começa a usar quatro dedos para segurar o lápis e o movimento passa a se concentrar no punho e nos dedos.

D) Preensão trípode: surge por volta dos 4 anos e segue se desenvolvendo até cerca dos 7 anos de idade.

Como ajudar?

Cada criança tem seu tempo e cada fase é importante para o desenvolvimento motor. Nesse percurso, pode ser que a criança alterne as formas de preensão do lápis, até que o amadurecimento de funções permita uma acomodação na **preensão trípode**. Todavia, é importante ensinar a forma correta para evitar problemas de caligrafia e ergonômicos, que podem durar por toda a vida.

Procure auxiliar a criança a treinar a pega seguindo alguns passos:

1- Com a mão que usa para escrever, a criança deve fazer uma pinça com os três dedos: polegar, indicador e médio, mantendo-os abertos e deslocados mais à frente dos outros.

2- Ajude-a a colocar o lápis no espaço entre os dedos polegar e indicador e a deslizar esses dedos pelo lápis, para cima e para baixo algumas vezes, para treinar o movimento usado na escrita.

3- Em seguida, peça a ela que mantenha o lápis entre o polegar e o indicador e feche o dedo médio, apoiando o lápis e mantendo-o parado. Mostre que é melhor segurar mais perto da ponta, com o indicador a cerca de dois dedos de distância da ponta do lápis.

Sugira que a criança trace linhas em uma folha, da esquerda para a direita, e que observe como os seus outros dedos ajudam a mão a deslizar sobre a folha de papel. Mostre ainda que a outra mão ajuda a manter a folha no lugar e apoia o corpo para que ele fique reto.

Se a criança ainda estiver desenvolvendo a pega, prefira um giz de cera grosso ou use adaptadores. As crianças com mais idade podem começar com lápis triangulares ou sextavados, que facilitam o apoio dos dedos.

DIPLOMA

COLE
UMA FOTO
SUA AQUI.

CERTIFICAMOS QUE ....

COMPLETOU O LIVRO

Eu e os Outros

CAMPOS DE
EXPERIÊNCIAS

PARABÉNS
CAMPOS DE
EXPERIÊNCIAS

p. 15

p. 16

p. 18

p. 16

p. 17

p. 21

p. 23

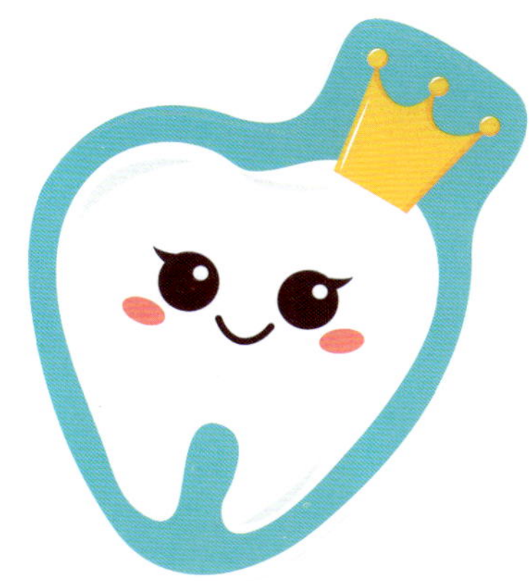

p. 25

p. 23

p. 28

p. 28

p. 27

p. 30

p. 36

p. 43

p. 38

p. 41

p. 41

p. 43

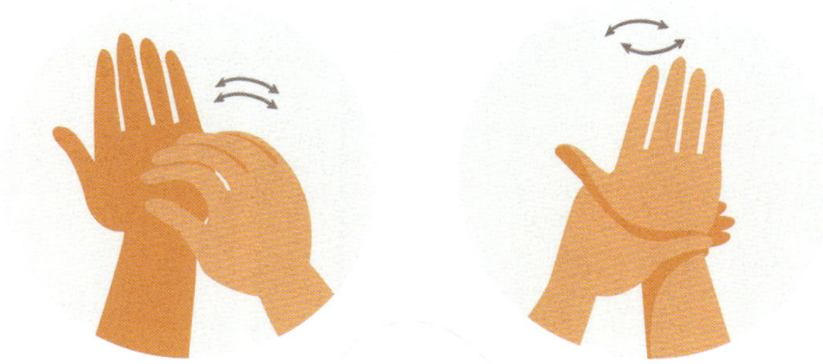

p. 47

p. 41

p. 41

p. 44

p. 44

p. 51

p. 51

p. 44

p. 49

p. 59

p. 61

p. 63

p. 64

p. 65

p. 66

p. 67

p. 75

p. 82

p. 82

p. 83

p. 83

p. 85

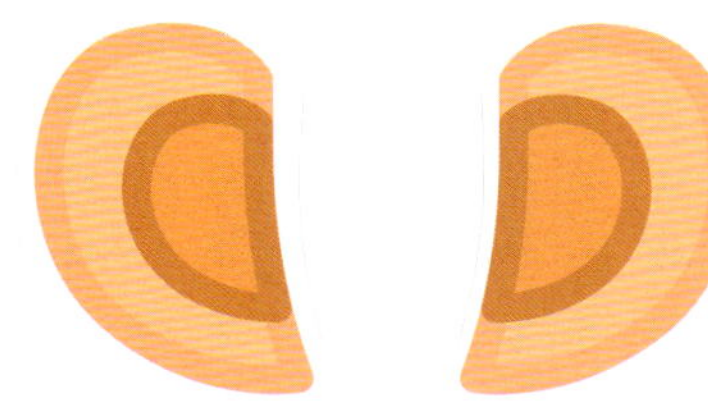

p. 85

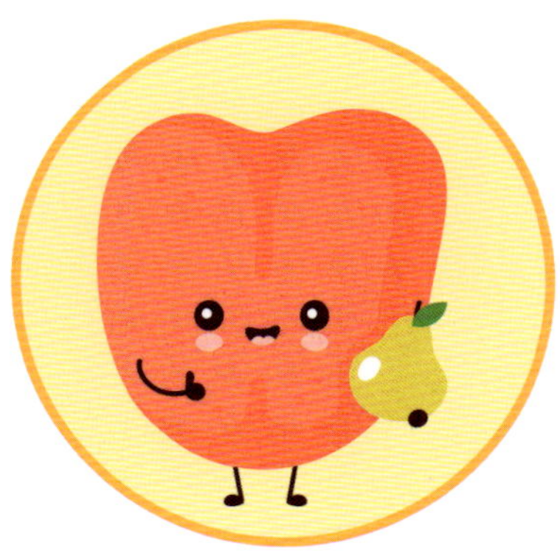

p. 86

p. 88

p. 93

p. 97